AF497806

MÉMOIRE

POUR la demoiselle LE GUAY D'OLIVA, fille mineure, émancipée d'âge, accusée ;

CONTRE M. LE PROCUREUR-GÉNÉRAL, accusateur ;

En présence de M. LE CARDINAL-PRINCE DE ROHAN, de la dame DE LA MOTTE-VALOIS, du sieur DE CAGLIOSTRO, & autres ; tous co-accusés.

Il s'est répandu, au sujet de ce mémoire, des bruits aussi absurdes, que destitués de fondement, & qui ont percé jusques dans les maisons les plus respectables. On a diffamé la demoiselle d'Oliva : il faloit encore calomnier sa défense. Il n'en a été donné, ni fait, ni même imaginé d'autre que celle - ci.

MÉMOIRE

POUR LA DEMOISELLE

LE GUAY D'OLIVA,

FILLE MINEURE, ÉMANCIPÉE D'AGE,

ACCUSÉE;

CONTRE M. LE PROCUREUR GÉNÉRAL,

ACCUSATEUR;

En présence de M. LE CARDINAL-PRINCE DE ROHAN, *de la dame* DE LA MOTTE-VALOIS, *du sieur* DE CAGLIOSTRO, & *autres; tous co-accusés.*

A PARIS,

Chez P. G. SIMON & N. H. NYON, Imprimeurs du Parlement, *rue Mignon Saint André-des-Arcs.*

M. DCC. LXXXVI.

MÉMOIRE

POUR la demoiſelle LE GUAY D'OLIVA, fille mineure, émancipée d'âge, accuſée;

CONTRE M. le PROCUREUR GÉNÉRAL, accuſateur;

EN préſence de M. LE CARDINAL - PRINCE DE ROHAN; de la dame DE LA MOTTE - VALOIS; du ſieur DE CAGLIOSTRO, & autres; tous accuſés.

QUEL eſt donc le fait qu'on me reproche, & dont les loix viennent aujourd'hui me demander compte, quand l'autorité trompée, m'en a déjà ſi ſéverement punie? eſt-ce une imprudence? eſt-ce une faute? eſt-ce un délit?

Si j'en jugeois par la ſituation où je me trouve, par les maux qu'on me fait ſouffrir; infortunée que je ſuis! arrêtée d'abord, en vertu d'un ordre ſupérieur; traînée, renfermée dans une priſon d'état; interrogée par la voix miniſtérielle; puis, frapée par la main de la juſtice; interrogée de nouveau, par l'organe des loix; devenue accuſée dans un procès réglé à l'extraordinaire, où il me faut lutter contre le plus impoſant des accuſateurs, contre des co-accuſés inſtruits & puiſſans, contre des témoins ennemis ou peu fideles, moi femme, moi jeune, foible, ignorante & timide, ſans con-

A

noiſſance des formes, ſans expérience des matieres juri-
diques; &, ce qui, certes, eſt plus terrible encore, ſans
avoir ſous les yeux, ni ce que des hommes pervers auront
pu dire à ma charge, ni ce que moi-même j'aurai propoſé
pour ma défenſe; infortunée que je ſuis! j'ai donc commis
un grand crime! j'ai donc offenſé tout à la fois, & la ma-
jeſté du trône, & la ſociété entiere, par un de ces attentats
qui appellent le glaive de la puiſſance publique, ſur la tête
du coupable!

Si j'en juge au contraire, par le fait que je me ſuis vue
forcée de déclarer à la juſtice, comme à l'autorité; par ce
fait qui eſt le ſeul où je puiſſe être perſonnellement impliquée; ſi j'en juge par la nature & les circonſtances de ce
fait, par mes intentions, par mes motifs, par mon cœur que
j'interroge, à préſent que tant de malheurs accumulés ſur
moi, ont écarté loin de lui toutes les illuſions de mon
âge; il me répond, également exempt de crainte & de
remords, que je ne ſuis point coupable; que j'en ai la
preuve; que cette preuve ne pourra que ſe fortifier, qu'ac-
quérir plus d'évidence & d'énergie, par l'inſtruction même
du procès qui m'a d'abord cauſé tant d'effroi; enfin, puiſ-
qu'il faut le dire, que ſi j'ai commis une imprudence, même
une faute, je l'ai déja trop expiée, par ſix mois de la plus
dure captivité; par les larmes de ſang, que cette faute, ſi
c'en eſt une, ne ceſſe encore de me faire répandre; que je
ſuis vraiment digne de la pitié de toute ame ſenſible qui a
connu l'infortune, & appris à la plaindre.

Eh! loin que je ſois coupable d'un délit, même, d'une
faute, même d'une ſimple imprudence; ſi c'étoit mon innocence même; qui ſervît à déceler les coupables! Si c'étoit

moi que la providence eût deſtinée à les démaſquer, à les confondre, à les livrer aux vengeances légales, comme elle a permis ſans doute, dans l'ordre de ſes impénétrables deſ-ſeins, que je fuſſe l'aveugle inſtrument de leurs criminelles intrigues! ſi c'étoit dans mes foibles mains, que l'éternel, qui juge tout, avant que l'homme ait rien apperçu, remît en cet inſtant le fil qui doit diriger les magiſtrats, dans les routes tortueuſes de cet inextricable dédale, où le crime s'eſt renfermé, pour ſe dérober à leurs yeux!

Je vous le demande, à vous, hommes du monde, qui que vous ſoyez, qui m'allez lire, non par intérêt pour moi, mais par une vaine curioſité du moment; & bien plus, peut-être, pour chercher des prétextes de me flétrir, que pour trouver des raiſons de me juger; je vous le demande : quel ſeroit, ſur la terre, le tribunal où je n'obtinſſe pas, dans ma miſere, toutes les réparations, tous les dédommagemens dûs au citoyen opprimé?

Selon M. le cardinal de Rohan, la dame de la Motte, pour rejetter ſur lui une infâme eſcroquerie, dont elle étoit coupable & s'appliquoit le profit, a fauſſement ſuppoſé, par le moyen d'une perſonne apoſtée, lui avoir procuré une entrevue avec la reine, dans le parc de Verſailles. Et cette perſonne apoſtée, que le miniſtere public & M. le cardinal de Rohan lui-même accuſent de s'être prêtée à une ſuper-cherie auſſi horrible, c'eſt moi. La dame de la Motte a fait acheter, par M. le cardinal, aux ſieurs Bohemer & Baſſanges, joailliers de la couronne, un collier de diamans, de 1600 mille livres, qu'elle lui a dit, & qu'il a cru être effectivement pour la reine. La dame de la Motte, après avoir également fuppofé, contre toute vérité, que la reine elle-même lui en avoit donné l'ordre, en lui recommandant le plus profond fecret, s'eſt approprié le collier, l'a dépecé, l'a éparpillé ; en a vendu, & fait vendre une partie, tant en France, qu'en pays étranger ; & a gardé le reſte pour ſes parures & ſon uſage perſonnel.

Faut-il en croire, au contraire, la dame de la Motte ? Toutes ces aſſertions de M. le cardinal de Rohan ſont autant de chimeres, autant de faits faux & controuvés. Elle n'a ſuppoſé aucune entrevue de M. le cardinal, avec la reine ; elle n'a, ni reçu, ni ſuppoſé d'ordre de la reine, pour l'acquiſition du collier. M. le cardinal l'a faite en ſon propre nom, & pour ſon compte, en ſuppoſant lui-même, à l'égard des deux joailliers, un ordre de la reine, pour cette acquiſition. C'eſt lui qui, de concert avec le ſieur de Caglioſtro, a diſpoſé du collier ; c'eſt lui qui en a fait vendre une partie, tant par la dame de la Motte elle-même, que par ſon mari ; & s'il leur a donné des diamans, c'eſt à titre de bienfait, ou de récompenſe, & ſans leur faire part de la maniere dont il en avoit acquis la propriété. Quant à moi, la dame de la Motte ne me connoît point. Elle m'a vue à peine deux fois ; & ce n'a été que pour me haïr & me mépriſer. Je n'étois pas une femme aſſez digne d'elle. Ce n'étoit pas à une femme de ma claſſe, qu'elle eût fait la confidence d'un crime auſſi grave, encore moins m'en auroit-elle rendue complice, ſi elle eût eu la baſſeſſe de le commettre.

C'eſt-là, ſi je ne me trompe, l'idée générale de ce procès trop célebre, qui fixe, en ce moment, les regards de toute la France, de toute l'Europe.

Je n'ai jamais eu l'honneur de connoître M. le cardinal de Rohan. Je ne connois, je n'ai jamais connu, je n'ai jamais vu, ni le fieur de Caglioftro, ni la dame de Caglioftro fa femme, ni le fieur Bohemer, ni le fieur Baffanges. Je n'ai jamais vu le collier. Je n'ai jamais fu qu'il exiftât dans les mains de ces joailliers. Je n'ai jamais fu qu'il exiftât, foit en tout, foit en partie, ni dans les mains de M. le cardinal de Rohan, ni dans celles du fieur de Caglioftro, ni dans celles des fieur & dame de la Motte.

De tous les accufés, je n'ai jamais connu que les fieur & dame de la Motte, qui ne m'ont dit aucune des circonftances de leur intrigue, qui ne m'ont parlé, ni des délits que leur reproche M. le cardinal de Rohan, ni de ceux qu'ils lui reprochent à lui-même.

Ce font autant de faits avoués, & conftans au procès.

Comment donc arrive-t-il que j'y fois partie, que j'y paroiffe en qualité d'accufée ?

C'eft que, par un hafard funefte que je déplorerai jufqu'à la fin de mes jours, les fieur & dame de la Motte, en cherchant dans cette grande capitale, parmi le million d'habitans dont elle eft compofée, un être crédule & docile, fans crédit, fans protection, fans appui, qu'ils puffent affervir à leurs paffions, fans qu'il s'en aperçût, & qui pût, fans le favoir, exécuter leur complot, ont enfin trouvé cet être dans ma perfonne.

Ils ont abufé de ma jeuneffe, de mon inexpérience, de ma fimplicité. Ils m'ont impofé, par le haut rang qu'ils avoient affecté, par les prétentions plus hautes encore qu'ils annonçoient, par les qualités dont ils s'étoient décorés, par

une miffion augufte dont la dame de la Motte fe difoit revêtue, par des lettres qui fembloient la prouver, & dont j'ignorois la fauffeté. Pouvois-je échaper à tant d'illufions réunies
pour me féduire, à tant d'artifices employés pour me perdre?

Il faut enfin s'expliquer. J'ai peu de faits à préfenter à
la juftice; mais ces faits font affez importans, affez décififs
par eux-mêmes, pour n'avoir pas befoin de vains ornemens,
qui peut-être ne ferviroient qu'à les affoiblir, ou qu'à les
rendre fufpects.

Mon récit fera fimple, naïf, & fans art, comme l'eft
mon caractere, comme l'a été ma conduite dans le rôle
étrange que m'ont fait jouer mes féducteurs.

Quiconque fe défend, a le droit d'exiger qu'on l'écoute
fans prévention, que l'on fufpende fon jugement, jufqu'à
ce qu'on l'ait entendu. Je ne demande pas même cela de
mes lecteurs, de mes propres juges. Dans quelque difpofition
d'efprit qu'on life ce mémoire, peu m'importe. Je ne defire
qu'une chofe : c'eft qu'on le life en effet. Et fi j'obtiens
feulement ce premier acte de juftice, je ferai pure & fans
reproche, aux yeux des deux tribunaux de la loi & de
l'opinion.

Je fuis née à Paris, le premier feptembre 1761, d'une
famille peu fortunée, mais honnête.

Mon premier malheur fut de perdre trop tôt une mere
tendre & vigilante, dont la préfence & les foins euffent
éloigné de moi les dangers inféparables d'une jeuneffe aban-
donnée à elle-même.

Par fa bonne conduite & fes économies, ma mere étoit

parvenue à former une fomme affez confidérable, qu'elle m'avoit deftinée. Ne voulant pas garder cette fomme chez elle, elle l'avoit confiée à des amis, qui s'en étoient chargés, pour la reftituer quand elle le jugeroit à propos. Ces amis devinrent, après fa mort, des dépofitaires infideles, ou des débiteurs de mauvaife foi. Je demeurois chez eux en qualité de penfionnaire. Ils s'étoient chargés de ma nourriture & de mon entretien. Je fortis de cette maifon, dont j'avois tant de fujet de me plaindre. Et malgré le zèle de ceux qui prenoient la défenfe de mes intérêts, je me vis fruftrée de la majeure partie de mon patrimoine.

Il m'avoit été nommé un tuteur, par fentence du châtelet de Paris, du 20 octobre 1783. Il fit affigner mes débiteurs & les pourfuivit; mais après d'affez longues procédures, il fut obligé de tranfiger avec eux, moyennant une fomme de 4000 livres. Ce fut tout ce qu'il put obtenir. La tranfaction fut paffée devant notaires à Paris, le 11 juin 1784.

Qu'on me permette au furplus de ne point nommer ici les perfonnes qui ont eu la bonté de protéger ma jeuneffe. Je le dois, par refpect pour elles, dans la pofition où je fuis.

A l'époque dont je viens de parler, au mois de juin 1784, j'occupois un petit apartement, rue du Jour, quartier faint Euftache. Je n'étois pas fort éloignée du jardin du palais royal : j'en avois fait ma promenade ordinaire. J'y paffois fréquemment deux ou trois heures de l'après-midi, avec quelques femmes de ma connoiffance, & un petit enfant d'environ quatre ans, que j'aimois, & que fes parens me confioient volontiers. J'y allois même feule, avec lui, lorfque je manquois d'autre compagnie.

Un jour de l'après-midi du mois de juillet fuivant, j'étois affife au palais royal. J'avois, en ce moment, pour toute fociété, l'enfant dont je viens de parler. Je vois paffer plufieurs fois devant moi, un grand jeune homme, qui fe promenoit feul. Il m'étoit inconnu. Il me regarde. Il me fixe. Je m'aperçois même, qu'à mefure qu'il m'approche, il ralentit fa marche, comme pour me confidérer plus à loifir. Une chaife étoit vacante à deux ou trois pieds de diftance de la mienne. Il vient s'y affeoir.

Jufqu'à cet inftant, la vue du jeune homme, fes promenades, fes approches, fes regards réitérés fur moi, ne m'avoient fait aucune impreffion. Mais quand il fut affis auffi près de moi, je fus bientôt forcée de m'occuper de lui. Ses yeux ne ceffent d'errer fur toute ma perfonne. Il prend un air férieux & grave. Une curiofité inquiete & ardente paroît l'agiter. Il femble mefurer ma taille, & faifir tour-à-tour toutes les parties de ma figure.

Je paffe rapidement fur ces premieres circonftances, dont un plus long détail feroit inutile.

Il fuffit de dire, que nous rencontrant ainfi plufieurs jours de fuite au palais royal, il finit par m'adreffer la parole ; & moi, j'eus le tort de lui répondre.

Je ne prétends pas en effet n'avoir eu aucun tort. J'en aurai tout-à-l'heure un bien plus grand : celui de recevoir chez moi cet homme, qui a creufé fous mes pas l'abîme de douleur & d'infortune où je fuis aujourd'hui précipitée.

Je venois, un foir, de le quiter, & de retourner au logis. Il m'avoit fuivie, fans que je m'en aperçuffe. Je le vois tout-à-coup paroître dans mon apartement. Il fe préfente avec tous les témoignages du refpect & de l'honnêteté, & me prie

prie de lui permettre de *venir me voir*, & *me faire sa cour*. Ce sont ses termes.

Je ne pus prendre sur moi de lui refuser cette permission; & dès qu'elle fut obtenue, il vint très-assiduement. Mais, il faut l'avouer aussi: je n'eus qu'à me louer de lui, dans ses visites. Jamais il ne s'écarta des bornes d'une liaison innocente. Seulement, il me questionnoit avec affection, sur ma fortune, sur mes espérances. Il s'intéressoit vivement, disoit-il, à mon sort. Il m'annonçoit des protections puissantes, qu'il vouloit me donner, & qui pouvoient m'être utiles. S'il me disoit quelques mots sur mes foibles attraits; s'il lui échapoit par fois quelqu'éloge de ce qu'il appelloit *mes graces & ma beauté*, c'étoit à titre de simple compliment, & du ton de cette courtoisie d'usage, dont on nous honore sans sincérité, comme nous la recevons sans prétention.

Et l'on n'aura pas de peine à croire tout cela, je n'aurai pas d'efforts à faire pour le persuader, quand on saura qu'il étoit loin de s'occuper sérieusement d'objets aussi frivoles; que le but de ses démarches étoit d'une toute autre importance; enfin que ses projets sur moi, pour n'avoir aucun raport à une intrigue galante, n'en étoient que plus odieux & plus criminels.

On est sans doute impatient de savoir quel étoit cet inconnu.

Il est temps de le nommer: c'étoit le sieur de la Motte, se qualifiant *comte de la Motte*, s'annonçant comme militaire, comme officier d'un rang distingué, comme rempli des plus hautes espérances d'avancement, comme appellé aux premieres places de son état, comme environné de protecteurs illustres, de la faveur desquels il disposoit à son gré. C'eſt ainſi qu'il s'étoit déſigné, dès notre premiere entrevue chez moi.

Ce fut, je crois, à ſa neuvieme viſite, & dans les premiers jours du mois d'août, que je le vis entrer, un matin, dans mon apartement, avec un air de ſatisfaction & de joie que je ne lui avois pas encore aperçu.

Je dis, dans les premiers jours du mois d'août: & ceci mérite une obſervation. A l'inſtant où je fus arrêtée, & lorſque j'ai ſubi mes interrogatoires, mes papiers de famille étoient entre les mains de mon curateur. J'ai déclaré, que le fait dont je parle en ce moment, étoit arrivé, *ſoit à la fin du printemps, ſoit au milieu de l'été.* Mon curateur m'a depuis repréſenté mes papiers. J'ai vu la tranſaction du 11 juin 1784; & par les circonſtances qu'elle m'a rappellées, je ſuis demeurée convaincue que le fait ne pouvoit s'être paſſé *à la fin du printemps,* & que ſa véritable époque étoit *les premiers jours du mois d'août.*

Je reviens au ſieur de la Motte.

Il avoit, me dit-il, les choſes les plus flateuſes, les plus intéreſſantes à m'apprendre.

» Je ſors, m'ajoute-t-il, d'une maiſon, où une perſonne » de très-grande diſtinction a beaucoup parlé de vous. Je » vous l'amenerai ce ſoir ».

J'ignore qui ce peut être, lui repliqué-je; *car, aſſurément, je n'ai l'honneur de connoître aucune perſonne de la cour.*

Et il ſe retire, ſans autre explication.

J'attendois le ſoir avec impatience. Je comptois les heures, les minutes. Je brûlois de voir cette dame *de très-grande diſtinction,* qu'on venoit de m'annoncer tout à la fois avec tant de réſerve & tant de jactance.

Le foir arrivé, le fieur de la Motte revient. Il m'apprend » que je vais voir, dans un moment, la perfonne » dont il m'a parlé le matin».

Et il fe retire encore, fans autre explication.

A peine eft-il forti, qu'effectivement je vois une femme entrer dans ma chambre : elle étoit feule, fans aucune fuite. Elle m'aborde de l'air le plus honnête & le plus gracieux.

» Vous devez, madame, me dit-elle en fouriant, être » un peu furprife de ma vifite, puifque je ne fuis pas » connue de vous ».

Je lui réponds que, d'après ce qu'on m'a dit, & fuivant toutes les apparences, *cette furprife ne peut m'être qu'agréable.*

Quelle étoit cette femme, qu'avec un peu plus d'expérience j'euffe dû prendre, dès l'abord, pour une aventuriere ? C'étoit la femme de mon prétendu protecteur, c'étoit la dame de la Motte elle-même, qui, dans ce premier moment, fe garda bien de me le dire, comme fon mari n'avoit pas manqué de me le cacher.

Je préfente un fiége à la dame de la Motte : elle le place elle-même tout près du mien. Elle s'affied. Puis, fe penchant vers moi, d'un air à la fois myftérieux & confiant, & me jettant un regard où je crois voir l'intérêt & prefque l'abandon de l'amitié, mêlés pourtant de cette dignité d'une femme d'un rang fupérieur, qui va faire à fa protégée une confidence importante ; elle me tient, à voix baffe, l'étrange difcours qu'on va lire.

L'étrange difcours qu'on va lire ! Il faut donc que j'en rende compte ! Il faut donc que je l'écrive ! La loi le veut, & mon innocence m'y contraint.

C'eft ici, c'eft ici fur-tout, que j'ai beloin de rappeller toutes mes forces, de m'armer de tout mon courage, de me fouvenir, & de faire fouvenir à mes juges, que la défenfe eft de droit naturel ; que ce droit facré, la loi civile l'a confirmé ; que je fuis accufée, décrétée, dans les fers. C'eft ici que commencent de la part de mes fé-ducteurs, les profanations d'un nom augufte. A ce nom, je m'abaiffe, je me profterne. Je fens mon ame oppreffée du poids de ma douleur & de ma honte. Des larmes ameres coulent de mes yeux. Et c'eft à genoux, oui, c'eft à genoux, que je voudrois pouvoir écrire les faits dont il me refte à parler.

» Ayez confiance, *mon cher cœur*, dans ce que je vais » vous dire. Je fuis *une femme comme il faut, & attachée à* » *la cour* ».

En même-temps, la dame de la Motte tire de fa poche un porte-feuille, l'ouvre, & me montre plufieurs lettres, qu'elle me déclare lui avoir été écrites par la reine.

Mais, madame, lui réponds-je, *je n'entends rien à tout cela : c'eft une énigme pour moi.*

» Vous allez m'entendre, *mon cœur*. J'ai toute la con- » fiance de la reine ; je fuis avec elle comme les deux » doigts de la main. Elle vient de m'en donner une nouvelle » preuve, en me chargeant de trouver une perfonne qui » puiffe faire quelque chofe qu'on lui expliquera, lorfqu'il en » fera temps. J'ai jetté les yeux fur vous. Si vous voulez » vous en charger, je vous ferai préfent d'une fomme de » 1 5 0 0 0 livres ; & le cadeau que vous recevrez pour cela » de la reine, vaudra bien davantage. Je ne peux pas me » nommer à préfent, mais vous faurez bien-tôt qui je fuis.

» Si cependant vous ne vous en raportez pas à ma parole,
» si vous voulez prendre des sûretés pour les 15000 liv.,
» nous irons tout-à-l'heure chez un notaire ».

Ames honnêtes & simples, c'est vous que j'invoque : arrêtez-vous un moment, après la lecture de ce discours de la plus hardie & de la plus artificieuse intriguante qui fut jamais. C'est une accusée, c'est la plus infortunée des créatures qui vous en supplie. Supposez vous à ma place : daignez réfléchir sur ce que je dûs sentir, penser, juger & croire, moi dans ma vingt-troisième année, moi connoissant aussi peu l'intrigue que les affaires. Qu'eussiez-vous dit ? qu'eussiez-vous fait ? La victime étoit marquée. Mes assassins n'avoient pu faire un choix plus propre à remplir leurs sinistres projets.

Mais continuons : il faut achever ce honteux récit ; je ne l'interromprai plus que par mes pleurs.

De ce moment, je ne fus plus à moi, je fus livrée. La tête m'avoit tourné. J'aurois donné mon sang, j'aurois sacrifié ma vie pour ma souveraine. Je ne pouvois me refuser à une demande, quelle qu'elle fût, que je supposois dès-lors être faite au nom de la reine elle-même.

Je répondis simplement à la dame de la Motte, *que je serois trop flatée de pouvoir faire quelque chose qui fût agréable à la reine, pour avoir besoin d'être excitée par aucun autre intérêt.*

La dame de la Motte saisit cette réponse. Elle me dit aussi-tôt : « M. le comte de la Motte viendra vous chercher,
» demain soir, avec une voiture, & vous menera à Ver-
» sailles ».

Elle fort, & me laiffe enivrée de joie & d'efpérance.

Le lendemain, dans l'après-midi, le fieur de la Motte ne manque pas de fe rendre chez moi, avec une voiture de remife, dans laquelle nous partons pour nous rendre à Ver-failles.

Nous étions prêts d'arriver à la grille du château, lorfque la dame de la Motte, qui nous attendoit, fe préfente à nous, accompagnée de fa femme de chambre.

Elle ordonne au cocher d'arrêter. Elle nous fait defcendre de voiture, & dit au fieur de la Motte : « conduifez madame » chez moi ».

La dame de la Motte difparoît. Son mari me conduit, avec la femme de chambre, dans un hôtel garni, place Dauphine.

Le fieur de la Motte, après m'y avoir dépofée, difparoît à fon tour, & nous y laiffe feules, la femme de chambre & moi.

Deux heures entieres fe paffent, fans que je voye revenir, ni le mari, ni la femme.

Ils reviennent enfin : la gaîté brilloit fur leurs phyfiono-mies. Ils m'annoncent « que la reine, à qui la dame de la » Motte vient d'apprendre mon arrivée, en a reffenti le » plus grand plaifir, & defire, avec la plus vive impatience, » le jour de demain, pour voir comment la chofe fe fera » paffée ».

Je ne pus me défendre alors d'un mouvement de curiofité. Je demandai à la dame de la Motte : *« qu'eft-ce que c'eft donc » que cette chofe que vous voulez que je faffe »* ? Elle me ré-pondit : « oh ! c'eft la plus petite chofe du monde. Vous le » faurez ».

Ce ne fut qu'alors, que j'appris le nom & l'état de la dame de la Motte. Elle me dit qu'elle étoit la femme du *comte de la Motte*, qu'elle étoit *Valois*; qu'à la cour, on l'appelloit *la comtesse de Valois*; & que c'étoit sous cette qualité, que lui écrivoit la reine.

Il faloit bien aussi que j'eusse une qualité. Les sieur & dame de la Motte me gratifierent, à l'instant, de celle de *baronne d'Oliva*. Ils me forcerent, malgré moi, de subir cette ridicule métamorphose, dont ma maniere d'être, infiniment simple & naturelle, ne pouvoit gueres s'accommoder. Une *demoiselle d'Oliva* ne figuroit pas décemment, à côté d'une *comtesse de la Motte-Valois*. Et c'est en effet comme *baronne d'Oliva*, que, depuis ce moment, la dame de la Motte m'a toujours présentée dans ses sociétés, quoique, moi personnellement, je n'aye jamais eu la folie d'usurper un pareil titre.

Le reste de la soirée se passa en propos indifférens. Je couchai à l'hôtel, & dans une chambre particuliere que me donnerent les sieur & dame de la Motte.

Le lendemain, la dame de la Motte, la prétendue *comtesse de Valois*, s'occupe de ma toilette; c'est elle-même qui veut m'habiller; c'est elle-même qui m'habille. Je fus mise en *robe blanche de linon moucheté*. C'étoit, autant que je puis m'en souvenir, une *robe à l'enfant*, ou une *gaule*, espece de vêtement qu'on désigne plus souvent sous le nom de *chemise*; & l'on voulut que je fusse coëffée en *demi-bonnet*.

Je supplie encore ici, que l'on observe jusqu'à quel point ces intrigans portoient la ruse, l'artifice & la déception, jusqu'à quel point ils avoient soin de me cacher les ressorts par lefquels ils me faifoient ainfi mouvoir à leur gré.

La dame de la Motte me remet d'abord une petite lettre, fans fufcription, mais pliée à la maniere ordinaire. Elle ne me dit, ni ce que contenoit cette lettre, ni même à qui elle étoit adreffée, ni même par qui elle étoit écrite. Jamais les fieur & dame de la Motte ne m'ont parlé de tout cela. La dame de la Motte me dit feulement : « je vous conduirai » ce foir dans le parc, & vous remettrez cette lettre *à un* » *très-grand feigneur* que vous y rencontrerez ».

Entre onze heures & minuit, je fors avec les fieur & dame de la Motte. J'étois couverte d'un *mantelet blanc*, & j'avois une *thérefe* fur la tête. Je ne fais fi j'avois ou non un *éventail* à la main ; je n'oferois affirmer, ni l'un, ni l'autre. La petite lettre étoit dans ma poche.

Ils me conduifent au parc ; & là, je reçois une rofe, de la main de la dame de la Motte, qui me parle ainfi : « vous » remettrez cette rofe, avec la lettre, à la perfonne qui fe » préfentera devant vous ; & vous lui direz feulement : *vous* » *favez ce que cela veut dire.* La reine s'y trouvera, pour » voir comment fe paffera votre entrevue. Elle vous parlera. » Elle eft là. Elle fera derriere vous. Vous allez vous-même » lui parler tout à l'heure ».

Ces derniers mots me firent une telle impreffion, que je fus faifie d'un tremblement univerfel.

Je ne pus m'empêcher de le dire aux fieur & dame de la Motte. Je leur obfervai que j'ignorois comment il faloit parler à la reine. Je leur demandai, en balbutiant, de quels termes je devois me fervir ; s'il faloit dire, *reine*, *madame*, *fouveraine*, ou *majefté*. Le fieur de la Motte me répondit : » vous direz toujours, *votre majefté* ».

Je

Je n'ai pas besoin, ce me semble, de déclarer ici, que, loin que j'aye eu l'honneur de parler à la reine, ou qu'elle m'ait fait l'honneur de me parler, je n'eus pas même celui de l'apercevoir.

Mais dans l'espece d'enchantement & de vertige où m'avoient jettée mes séducteurs, je n'en demeurai pas moins persuadée, que je serois vue par la reine.

Nous marchions encore, lorsque le sieur de la Motte rencontre un homme, auquel il dit : *ah! vous voilà!* Ce sont les seules paroles que j'aye alors entendu dire par le sieur de la Motte, à cet homme, que je perdis de vue. Je ne rends compte du fait, que pour être plus exacte.

Ce que je dois seulement ajouter, c'est que, dans les dîners que j'ai faits depuis, chez les sieur & dame de la Motte, j'ai reconnu le sieur de Villette, leur ami, pour être le même individu à qui le sieur de la Motte avoit adressé ces paroles.

Je demande pardon à mes lecteurs, de tous ces petits détails. Ils seroient minutieux, peut-être, dans toute autre affaire. Ils sont ici très-importans.

La dame de la Motte me fait approcher d'une charmille. Elle m'y laisse, en me recommandant d'y rester ; & va trouver ce *grand seigneur* auquel je devois parler, & que je n'apercevois pas encore.

J'exécute l'ordre de la dame de la Motte. Je reste en place. Le *grand seigneur* inconnu se présente devant moi. Il m'aborde, en s'inclinant, tandis que la dame de la Motte se tient à l'écart, à quelques pas de-là, & paroît observer la scène.

Je ne favois quel étoit ce *grand feigneur ;* & quoiqu'en dife aujourd'hui M. le cardinal de Rohan, qui prétend que c'étoit lui-même, je n'en fais rien encore. En un mot, dans l'homme qui fe préfentoit à moi, je ne vis perfonne que je connuffe, ou que je cruffe connoître.

Qu'on prenne garde d'ailleurs, que les fieur & dame de la Motte étoient trop fupérieurs en intrigue, pour ne pas avoir mis tout à profit, pour ne pas avoir choifi un temps qui fût propre à cette fcène qu'il faloit enfevelir dans les plus profondes ténèbres. La nuit étoit fombre, pas le moindre clair de lune, & je ne pouvois bien diftinguer que les perfonnes & les objets qui m'étoient familiers.

Il m'eft impoffible auffi de peindre l'état où je me trouvois. J'étois fi agitée, fi émue, fi troublée, & par cette étrange fcène en elle-même, & par l'idée que la reine en étoit té-moin, comme me l'avoient perfuadé mes féducteurs ; j'étois enfin fi tremblante, que je ne conçois pas encore comment je pus faire feulement la moitié de ce qu'on m'avoit or-donné.

Je préfente la rofe au *grand feigneur* inconnu ; & je lui dis, *vous favez ce que cela veut dire,* ou quelque chofe d'à peu près femblable. Je ne puis affirmer s'il la prit, ou s'il la laiffa tomber. Pour la lettre, elle refta dans ma poche ; elle fut entiérement oubliée.

Dans l'inftant même que je venois de parler, la dame de la Motte accourt vers nous, & dit très-bas, mais avec pré-cipitation : *vite, vite, venez.* C'eft du moins tout ce que je me rappelle avoir entendu.

Je me fépare de l'inconnu, & me retrouve à quelques

pas plus loin, avec le fieur de la Motte ; tandis que fa femme & l'inconnu partent enfemble & difparoiffent.

C'eft alors que je me rappelle la lettre oubliée. Je la tire de ma poche, & la remets à l'inftant au fieur de la Motte. Je n'ai pas fu depuis, ce que fa femme & lui peuvent en avoir fait, ni ce qu'elle eft devenue.

Le fieur de la Motte me reconduit à l'hôtel garni. Nous reftons à caufer, en attendant le retour de la dame de la Motte.

Elle arrive fur les deux heures après minuit ; je lui raconte comment j'ai oublié de donner la lettre.

Je craignois que la dame de la Motte ne me grondât fort de cet oubli. Tout au contraire, elle me témoigne le plus grand contentement ; elle m'affure qu'elle fort de chez la reine. Elle m'affure » que la reine eft on ne peut pas » plus enchantée de ce que je viens de faire ».

Il étoit temps de fe repofer. Je paffe dans ma chambre, & je me mets au lit, dans la ferme perfuafion que ma fortune eft décidée, & que je n'ai rien fait que de très-innocent.

Mais les fieur & dame de la Motte avoient toujours peur, fans doute, de n'être pas encore allés affez loin. Le charme ne leur paroît pas encore affez fort, pour me convaincre. Ils imaginent entr'eux, pendant le refte de la nuit, une nouvelle manœuvre.

Ils me font, le lendemain, fur la fin de la matinée, la lecture d'une lettre qu'ils difent être de la reine. Cette lettre étoit fuppofée adreffée à la dame de la Motte. La fufcription portoit en effet l'adreffe : *à madame la comteffe de Valois*. Je ne me rappelle pas tous les termes du texte ;

mais je fuis fûre qu'il contenoit précifément ceux-ci : » je
» fuis très-contente, ma chere comteffe, de la perfonne que
» vous m'avez procurée. Elle s'eft acquitée de fon rôle, à
» merveille ; & je vous prie de lui dire d'être affurée d'un
» fort heureux ».

Dès que cette lettre eft lue, la dame de la Motte la dé-
chire, en difant : » ce ne font pas là de ces chofes à laiffer
» traîner ».

J'étois au comble de la joie, je n'avois pas d'expreffions
affez énergiques, pour témoigner à mes deux protecteurs
les fentimens de reconnoiffance dont j'étois pénétrée.

Nous dinâmes enfemble; le repas fut gai ; je fus ramenée
le foir, à Paris, par le fieur de la Motte, dans une voiture de la
cour. La dame de la Motte ne quitta pas encore Verfailles.

De retour à Paris, quelques jours après, elle me fait
vifite, & m'engage à l'aller voir. Je le lui promets. Je n'a-
vois garde de manquer à ma parole : j'étois trop empreffée
de voir l'acompliffement des promeffes qui m'avoient été
faites, & l'exécution des engagemens perfonnels de la dame
de la Motte envers moi.

J'allai la voir, & pendant quelque temps, je mangeai
fouvent chez elle & en compagnie, foit à Paris, rue neuve
faint Gilles, foit à Charonne, où elle avoit une petite
maifon de campagne ; & dans le cours de ces premieres
vifites, elle me remit, en différentes fois, tant en argent,
qu'en billets de caiffe, une fomme de 4268 livres. On en
verra le détail. C'eft tout ce que j'ai reçu d'elle, au lieu
des 15000 livres qu'elle m'avoit promifes, indépendamment
des prétendus bienfaits de la reine.

Tout à la fin d'août, ou dès le commencement de feptembre, je quittai mon logement de la rue du Jour, pour aller demeurer rue neuve-saint-Auguftin, où j'avois un apartement depuis le premier juillet. La dame de la Motte vint m'y voir deux fois. C'eft encore un détail que je donnerai tout à l'heure.

Cependant, notre liaifon ne fut pas de longue durée. Après les 4268 livres données, je ne tardai pas à remarquer, chez la dame de la Motte, un grand changement dans fa maniere de me recevoir. Son accueil devint froid, fon ton digne & grave; elle ne m'invitoit plus à fa table; elle ne venoit plus chez moi; je trouvois fouvent fa porte fermée. Elle n'avoit plus befoin de mes complaifances, elle avoit rempli fon but, elle avoit réuffi. Qu'avoit-elle maintenant à faire d'une fille obfcure, infortunée, dont la préfence importune ne pouvoit que l'humilier, lui rappeller fes obligations & fes intrigues?

J'étois loin, affurément, de preffentir les malheurs qui devoient arriver. Je n'imaginois même pas que j'euffe été le jouet des fieur & dame de la Motte. Mais je fus rebutée, indignée de leur accueil infultant; je ne les revis plus.

Je ne veux rien diffimuler; je veux dire tous mes torts. Les folles efpérances que ces intriguans m'avoient fait concevoir d'une meilleure fortune & *d'un fort heureux*, fur-tout en mettant fous mes yeux la fauffe lettre qui fembloit m'en préfenter la certitude; ces efpérances, dis-je, m'avoient rendue moins circonfpecte & plus facile à contracter des engagemens que je comptois être bien-tôt en état d'acquitter. J'avois même eu, malheureufement, la foibleffe de foufcrire quelques lettres de

change, au profit de quelques particuliers, qui ne m'a-
voient fourni que la moindre partie de la valeur portée
par ces lettres. On me pourfuivit avec rigueur. On obtint
contre moi, par défaut, des fentences confulaires. Je fus
forcée d'en appeller, d'obtenir des arrêts de défenfe, de
prendre des lettres de refcifion. Tous ces faits font encore
prouvés par les pieces que je raporte.

Telle étoit ma pofition, au mois de juillet 1785.

Avec une fortune auffi modique que la mienne, au milieu
de pourfuites auffi vives, il ne m'étoit plus poffible de refter
à Paris. Je vendis mes meubles; & j'avois d'abord réfolu de
me retirer à Fontainebleau, où l'on me difoit que je vivrois
avec peu de dépenfe.

J'avois quité, comme je l'ai dit, mon apartement de la rue
du Jour; & je demeurois alors, rue neuve faint-Auguftin. Une
dame Flamand, de Bruxelles, qui habitoit la même maifon,
me confeille d'aller paffer quelque temps dans fon pays, où
elle m'affure que je vivrai plus aifément encore qu'à Fontainebleau.

Ce fut ma derniere réfolution. Je ne pris pas la fuite,
quoique, fans doute, je fois accufée par M. le cardinal de
Rohan, d'avoir quité ma patrie, dans la crainte d'être
recherchée, comme complice des intrigues des fieur &
dame de la Motte. Non, je ne pris pas la fuite. Je demandai
un paffeport au gouvernement. On fit, fur ma perfonne,
les informations ordinaires en pareil cas. Le paffeport
me fut accordé. Je fortis publiquement de la capitale, vers
la fin du mois de feptembre 1785, environ fix femaines
après que M. le cardinal de Rohan & la dame de la Motte
eurent été arrêtés; & je me rendis à Bruxelles.

J'y réfidois, depuis à-peu-près trois femaines, me repo-
fant fur le témoignage de ma confcience, ne penfant plus
aux vaines promeffes de la dame de la Motte.

Le 16 ou 17 octobre, au milieu de la nuit, je fuis
arrêtée par le fous-lieutenant de police de Bruxelles, trois
échevins, un greffier, & cinq à fix gardes de la ville. Je
demande en vertu de quel ordre on m'arrête. Je demande
à voir cet ordre, s'il exifte. Je réclame ma patrie, mon
fouverain. C'étoient mon fouverain & ma patrie qui me
réclamoient eux-mêmes. Je fuis traînée dans une des prifons
avec autant de cruauté, que d'ignominie.

C'eft, en effet, dans cette prifon, que j'apprends, par
un papier public, dont mon geolier me permet la lecture,
que je fuis arrêtée pour l'affaire qui regarde M. le cardinal
de Rohan & la dame de la Motte. Je fuis plus furprife
qu'effrayée, de me voir impliquée dans cette affaire du
collier, dont je n'ai nulle connoiffance; & cette nouvelle
apporte le calme dans mon ame. J'étois innocente. Je fus
tranquille.

On me transfere, enfin, à Paris, au château de la
Baftille, où je fuis interrogée par le lieutenant de police.
Puis, entendue comme témoin judiciaire, je fuis dé-
cretée de prife de corps, fur ma dépofition, le 19
janvier 1786, & réglée à l'extraordinaire, le 17 février
fuivant.

Voila mes faits.

Je les ai expofés, avec la véracité, avec la candeur,
avec l'honnête fermeté qui convient à l'innocence. Je les ai
confignés dans ma dépofition, je les ai répétés dans tous mes

interrogatoires. Je les configne, je les répete, je les prouve, dans mes récolemens, dans mes confrontations, dans tous les actes de l'inftruction du réglement à l'extraordinaire.

Et ici, je pourois terminer ma défenfe. Elle eft complette, elle eft décifive. Je pourois dire: mon innocence eft démontrée. Qu'ai-je befoin de m'occuper plus long-temps, d'une accufation, dont une partie, celle qui regarde l'exiftence, l'achat & la difparition du collier, m'eft abfolument étrangere; & l'autre, celle qui regarde la fcène nocturne du mois d'août 1784, ne me montre à la juftice, que comme le jouet d'une intrigue atroce, à laquelle il eft évidemment impoffible que j'aie eu la moindre part?

MAIS, j'ai lu, dans ma prifon, le mémoire imprimé de la dame de la Motte.

Mais, j'apprends, dans mes interrogatoires, ce que M. le cardinal de Rohan & la dame de la Motte ont dit de moi, dans les leurs.

C'eft par raport à ces deux objets, que je crois devoir encore préfenter quelques dévelopemens.

J'OUVRE le mémoire de la dame de la Motte, & j'y vois ces aveux clairs & précis:

Qu'*elle a vendu elle-méme, à Paris, des parcelles du collier; que fon mari en a vendu en Angleterre, des portions plus confidérables.*

Que *le fieur de la Motte avoit contracté dans fon corps,* dans le corps de la gendarmerie, *des dettes qui s'étoient encore accrues, par les dépenfes de fon mariage; & dont quelques-unes pouvoient compromettre fa liberté, d'un moment à l'autre, & lui enlever la confidération publique.* Que

Que les sieur & dame de la Motte s'étoient retirés à Versailles, dans un hôtel garni.

Que M. le cardinal de Rohan, à qui la dame de la Motte *racontoit la douloureuse histoire de ses malheurs, lui dit, à la premiere audience qu'il lui accorda :* « si je reconnois en vous » le vrai, le roi vous donnera des secours ».

Que, dès cette premiere audience, il en offrit, & qu'elle les accepta.

Qu'il a passé par les mains des sieur & dame de la Motte, pour *trois cens trente-cinq mille livres de diamans.*

Et je conclus de tous ces aveux spontanées, comme de plusieurs autres que je n'ai pas besoin de rappeller ici, je conclus, avec toute la France, avec l'Europe entiere, qui a lu le mémoire de la dame de la Motte, & qui l'a lu mieux que moi, que cet écrit, signé d'elle, est une des plus fortes pieces de conviction contre elle-même ; qu'il ne faut que le voir, pour la juger coupable.

Les sieur & dame de la Motte étoient pressés des nécessités les plus urgentes : la femme, à l'aumône ; le mari, perdu de dettes qui compromettoient sa liberté ; tous deux, douloureusement froissés entre le besoin & l'honneur. Et tout-à-coup, on les voit vendre pour plus de cent mille écus de diamans ; on les voit étaler à Paris, mais sur-tout dans la province, un luxe insolent, un faste scandaleux, qui cause autant d'indignation que d'étonnement, & dont le mémoire de la dame de la Motte a pu seul indiquer la source & les moyens.

Voyez maintenant quelle foi vous pouvez ajouter à la dame de la Motte, voyez si elle ne se préparoit pas d'avance à la dénégation de tous les faits qui me concernent, & si cette femme trop adroite doit mériter la confiance de la loi, quand elle dit, à la fin du même écrit :

« Un fait d'une abfurdité inconcevable, & tel que la
» plume fe refufe pour ainfi dire à l'écrire ; c'eft que la dame
» de la Motte a procuré à M. le cardinal de Rohan, quoi?
» Une entrevue avec la reine. Où? Dans le parc de Ver-
» failles. A quelle heure? A minuit. Dans quel tems? Au mois
» de juillet 1784, époque antérieure à l'affaire du collier ».

Je n'examine point, je n'ai point à examiner ce qui s'eft pu paffer entre M. le cardinal de Rohan & la dame de la Motte. Je n'en fais rien, & n'en veux rien favoir. Je le répete : je n'ai jamais eu l'honneur de connoître M. le cardinal de Rohan ; & quoi qu'il en dife, il n'a, ni ne peut avoir aucun reproche à me faire ; & quoi qu'il en puiffe penfer, il faudra bien qu'il me réponde des fuites de fa dénonciation contre moi.

Que M. le cardinal de Rohan fe défende auffi, comme il voudra, vis-à-vis de la dame de la Motte, fur ce que, dans le principe, il a pu croire du prétendu crédit & de l'influence fuppofée de cette intriguante ; qu'il explique & dévelope à fon avantage, s'il le peut, tous fes motifs de crédibilité, par raport à ce point important ; c'eft encore ce qui ne me regarde pas.

Ce que je dois dire, c'eft que fi M. le cardinal de Rohan a pu être féduit par les preftiges de la dame de la Motte, lui homme de la plus haute naiffance, & d'un âge mûr, lui revêtu d'une grande charge à la cour, & doué d'un efprit éclairé ; à plus forte raifon, j'ai pu être féduite auffi par les mêmes preftiges, moi fimple plébéïenne, moi dans ma premiere jeuneffe, n'ayant aucune connoiffance du monde, & par conféquent exceffivement timide, crédule & confiante. En forte que, par une fingularité bizarre, & digne d'être remarquée dans cette affaire; plus M. le cardinal de Rohan fera d'efforts pour perfuader qu'il a été trompé par la dame de la Motte, mieux il démontrera lui-même qu'elle m'a trompée; & qu'il fe rend coupable d'une injuftice révoltante, en m'imputant d'avoir, fciemment & de concert avec la dame de la Motte, coopéré à l'intrigue dont il fe plaint.

Ce que j'obferve, ce que j'ai droit d'obferver; c'eft que la dame de la Motte veut ici nous donner le change, & que perfonne ne le prendra.

M. le cardinal de Rohan ne dit point que la dame de la Motte *lui a procuré une entrevue avec la reine.* Il dit préci-fément le contraire. Il impute à la dame de la Motte d'a-voir fauffement fuppofé cette *entrevue*, par le moyen d'une perfonne apoftée, qui, felon lui, n'eft autre que moi.

Et ce fait, il faut l'avouer, *la plume fe refufe à l'écrire;* car, s'il eft vrai, jamais il n'y eut d'exemple d'un tel excès d'audace.

Et ce fait, il faut l'avouer encore, doit être, s'il eft vrai, *d'une époque antérieure à l'affaire du collier.* Car on auroit eu befoin de jouer cette comédie infâme, pour amener *l'affaire du collier.*

Ce que je puis dire, ce que j'attefte par tout ce qu'il y a de plus facré, par mon amour & mon profond refpect pour mes fouverains; c'eft, que, dans la fcène du parc de Verfailles, au mois d'août 1784, *époque anté-rieure à l'affaire du collier,* j'ignorois, comme j'ai toujours ignoré, comme j'ignore encore, quel étoit le perfonnage qu'on me faifoit repréfenter, quel étoit le perfonnage à qui l'on me faifoit parler. Il eft impoffible qu'aucun témoin dife

le contraire. Il n'exifte pas, il ne peut pas exifter au procès
la plus légere preuve du contraire.

Il n'y a point de réponfe plus péremptoire à donner à
l'affertion de la dame de la Motte, fur la *prétendue entrevue*
de M. le cardinal de Rohan avec la reine. On voit par-
faitement que cette affertion n'eft qu'une précaution infidieufe,
prife d'abord par la dame de la Motte, pour pouvoir nier
enfuite avec plus d'affurance & d'effronterie la fcène trop
réelle du mois d'août 1784.

La dame de la Motte, dit-on, prétend dans fes interrogatoires, qu'elle me connoît à peine ; qu'elle ne m'a vue
que deux fois ; l'une à Paris, au palais royal, où elle ne
m'a point parlé ; l'autre à Verfailles, chez elle-même, où
fon mari m'avoit amenée, & où elle a daigné me recevoir ;
que me croyant aimée de fon mari, c'étoit pour elle une
raifon de plus de me haïr & de me méprifer ; qu'à tous
égards, elle n'a pu, ni me fréquenter, ni me confier des
fecrets auffi importans que ceux dont il s'agit.

Je viens d'établir quatre époques diftinctes, de faits qui
fe fuivent néceffairement, & qui font invinciblement liés les
uns aux autres :

1°. Les démarches des fieur & dame de la Motte chez
moi, & les propofitions qu'ils m'ont faites & que j'ai accep-
tées, antérieurement à mon voyage de Verfailles.

2°. Mon voyage de Paris à Verfailles, & mon retour
de Verfailles à Paris, avec le fieur de la Motte.

3°. La fcène nocturne dans le parc de Verfailles, avec les
fieur & dame de la Motte, le fieur de Villette leur ami, &
le *grand feigneur* inconnu.

4°. Lés vifites de la dame de la Motté chez moi , & les miennes chez elle, poftérieurement à mon voyage de Ver-failles ; & le payement qu'elle m'a fait d'une partie de la fomme qu'elle m'avoit promife.

Il paroît que la dame de la Motte a pris la ferme réfo-lution de nier deux de ces faits. Ce font ; d'un côté, fes démarches & celles de fon mari chez moi, ainfi que leurs propofitions, avant la fcène du parc ; & de l'autre, la fcène du parc elle-même.

Je ne fuis plus inquiete de cette dénégation ; & j'efpere bien qu'elle ne fera illufion à perfonne. Les jours de la loi font arrivés. Le moment du preftige eft fini.

D'abord, j'ai pour moi ma dépofition, mes interroga-toires, mon récollement, faits fous la religion du ferment. J'ai de plus, les déclarations, les interrogatoires, le récol-lement de M. le cardinal de Rohan lui-même, qui, réuniffant tous fes efforts pour m'inculper, pour faire croire que c'étoit fciemment, & à deffein de lui fafciner les yeux, que je m'étois prêtée à la fcène de la nuit, dans le parc de Ver-failles, n'aura pas manqué d'attefter, de foutenir la vérité du fait de cette fcène.

Il me femble que ces témoignages réitérés tant de fois & fi folennellement, fur le même fait, font très-propres à détruire le témoignage ifolé de la dame de la Motte.

Ce témoignage feroit fufpect, récufable, inadmiffible , par cela feul qu'il eft unique, & qu'il eft contredit par d'autres. A combien plus forte raifon ne doit-il pas être rejetté, quand on voit dans le mémoire imprimé de la dame de la Motte, tant d'aveux qui annoncent tout le contraire de ſes aſſertions actuelles , tout le contraire de ce qu'elle veut faire entendre aujourd'hui.

Quelle différence, à cet égard, entre les aſſertions de la dame de la Motte, & mes faits réunis à ceux de M. le cardinal de Rohan lui - même , qui m'accuſe & que je combats !

M. le cardinal de Rohan eſt arrêté à Verſailles, le 15 août 1785 ; & c'eſt le 18 du même mois, c'eſt trois jours après , que la dame de la Motte eſt arrêtée à Bar-ſur-Aube. Toute la capitale eſt dès-lors inſtruite de ces deux événemens ; & je ne les apprends que comme le public. Dès-lors auſſi, nulle communication poſſible , ſoit de la dame de la Motte avec M. le cardinal de Rohan, ſoit de M. le cardinal de Rohan avec moi, ſoit de la dame de la Motte & de M. le cardinal de Rohan, avec qui que ce ſoit du dehors. On ſait aſſez de quelle maniere les priſonniers de la baſtille y ſont ſurveillés, reſſerrés, enſévelis, ſi je puis me ſervir de ce terme, le ſeul propre à peindre ma ſituation actuelle. On ſait aſſez que ce château terrible eſt un vaſte deſert, une priſon inacceſſible, au milieu de Paris & de ſon immenſe population.

Et quelle eſt ma conduite à moi, lorſque je vois M. le cardinal de Rohan & la dame de la Motte ainſi arrêtés & empriſonnés ? Quel eſt le parti que je prends, dans ces cir-conſtances ſi effrayantes pour quiconque ſe ſeroit ſenti cou-pable du moindre délit, pour quiconque auroit eu ſciem-ment la plus légere influence ſur les délits dont les deux priſonniers ſe trouvoient prévenus ?

Je reſte tranquillement chez moi. Je reſte à Paris, pen-dant ſix ſemaines, ſans m'inquiéter, ni de M. le cardinal de Rohan que je ne connoiſſois pas, ni de la dame de la Motte dont j'ignorois les intrigues, ni de moi-même qui devois me regarder & qui me regardois en effet comme étrangère à l'un & à l'autre, par raport à ce qui leur étoit imputé.

C'eſt au bout de ſix ſemaines, que je paſſe dans une terre étrangère, que je pars pour Bruxelles. Et les raiſons de cette émigration momentanée, je les ai dites: l'extrême embarras où je me trouvois, ſur mes affaires perſonnelles; mon excès de confiance dans les faſtueuſes promeſſes de la dame de la Motte; des obligations inconſidérément contractées, par de fauſſes eſpérances d'une meilleure fortune; des lettres de change ſouſcrites en minorité, au profit de gens qui avoient abuſé de mes beſoins & de ma facilité; des ſentences du conſulat obtenues contre moi, & dont l'exécution pouvoit bientôt me preſſer, malgré mes arrêts de défenſe & mes lettres de reſciſion. J'ai les pieces juſtificatives, j'ai la preuve de tous ces faits.

Il ne s'agit pas ici d'une évaſion clandeſtine. C'eſt avec la plus grande publicité, que je vends mes meubles, & que je ſors de Paris; & je n'en ſors, que munie de la permiſſion, qu'aſſurée de la protection du gouvernement, conſignées dans un paſſe-port obtenu ſur les informations les plus exactes.

Et c'eſt trois ſemaines après ma retraite à Bruxelles, que je ſuis tout-à-coup arrêtée, au milieu de la nuit, gardée à vue, conduite en priſon, ramenée en France, renfermée à la baſtille, pour une affaire qui, comme je venois de le voir par les papiers publics, paroiſſoit ne regarder que M. le cardinal de Rohan & la dame de la Motte, & dans laquelle j'avois toujours compté, comme je comptois encore, que je ne pouvois entrer pour rien.

Comment donc aurois-je pu, quand même j'en aurois

eu la volonté, me procurer la moindre relation, foit avec M. le cardinal de Rohan, foit avec ceux qui l'avoient approché ? Et comment aurois-je eu cette volonté, quand je ne pouvois douter, que M. le cardinal de Rohan lui-même devoit néceffairement être un de mes dénonciateurs ; quand je ne pouvois douter, d'après mon premier interrogatoire, qu'il avoit le plus grand intérêt à foutenir, qu'il foutenoit fermement, que j'étois la coopératrice de l'intrigue par laquelle il prétendoit avoir été trompé ; que j'avois contribué à lui tendre le piége affreux dans lequel il alléguoit qu'on l'avoit fait tomber ?

Encore une fois, j'en aurois donc affez de mes propres déclarations judiciaires, & de celles de M. le cardinal de Rohan, pour opérer la preuve des deux faits niés par la dame de la Motte ; celui de fes démarches, de fes follicitations, de fes propofitions chez moi, l'avant veille de la fcène nocturne, & celui de cette fcène nocturne elle-même.

Et fi cette preuve, telle qu'elle eft aujourd'hui, paroiffoit n'être pas encore affez puiffante, à qui donc faudroit-il s'en prendre ? Aux événemens incompréhenfibles arrivés dans l'origine de cette incompréhenfible affaire.

Nous fommes arrêtées & conftituées prifonnieres, la dame de la Motte & moi, tandis qu'on voit paifiblement fuir & difparoître la femme de chambre de la dame de la Motte, le fieur de Villette, intime ami de cette derniere, & le fieur de la Motte lui-même. Pourrois-je donc fouffrir d'une faute qui n'eft pas de mon fait, & qu'il n'étoit en mon pouvoir, ni de prévenir, ni de réparer ?

MAIS

MAIS qu'ai-je befoin, au furplus, que la dame de la Motte convienne ou non de fa premiere démarche, de fa premiere vifite chez moi, des étranges difcours qu'elle m'y a tenus, des propofitions & des promeffes qu'elle m'y a faites, des engagemens qu'elle y a contractés avec moi? Que m'importe tout cela, que m'importe la preuve de tous ces faits ? N'ai-je pas la preuve acquife de tous les autres? Et ne fuffit-elle pas, pour faire prononcer dès-à-préfent mon abfolution ?

J'ai la preuve acquife de mon voyage de Paris à Verfailles, & de mon retour de Verfailles à Paris, toujours accompagnée du fieur de la Motte.

Le fieur Lenau, loueur de caroffes à Paris, eft celui qui a loué aux fieur & dame de la Motte, la voiture de remife qui m'a conduite avec le fieur de la Motte, de Paris à Verfailles. Son regiftre journal doit en faire foi. Le fieur Lenau lui-même & fon cocher doivent néceffairement en dépofer.

C'eft dans une des voitures de la cour, que le fieur de la Motte m'a ramenée de Verfailles à Paris. Les regiftres du bureau doivent en faire foi. Le cocher doit néceffaire-ment en dépofer.

Si la dame de la Motte, devenue plus véridique, ou maintenant forcée de l'être, prend enfin le parti d'avouer le fait de la fcène nocturne & tous fes acceffoires ; tout eft dit entr'elle & moi ; elle eft la feule coupable, il ne s'agit plus que d'écrire fa condamnation.

Si la dame de la Motte, toujours livrée à fon efprit d'intrigue, continue de nier, comme elle a fait, & la fcène nocturne, & tous fes acceffoires ; il faut qu'elle nous dife, il faut qu'elle nous explique clairement, par quelle autre raifon

E

elle louoit une voiture de remife qui devoit me mener de Paris à Verfailles, avec fon mari ; par quelle autre raifon elle faifoit louer une voiture de la cour, qui devoit me ramener, avec fon mari, de Verfailles à Paris. Tant qu'elle gardera le filence fur ces queftions, tant qu'elle n'y répondra pas d'une maniere fatisfaifante, fans tergiverfation & fans détour; il faut que mes faits de la fcène & de fes acceffoires fubfiftent dans toute leur force ; fur-tout quand tout concourt à démontrer la vérité des autres faits que je lui oppofe ; fur-tout quand il eft en effet démontré, qu'après mon voyage de Verfailles, qu'après le retour de la dame de la Motte à Paris, elle m'a fait plufieurs vifites ; que je lui en ai fait d'autres ; que depuis le mois d'août 1784, jufque dans le courant du mois de feptembre fuivant, nous n'avons prefque pas ceffé de nous voir ; que, durant cet intervalle, j'ai fouvent mangé chez elle, tant à Paris, qu'à la campagne ; qu'elle m'a payé, en différentes fois, une fomme de 4268 livres, fur les 15000 livres qu'elle m'avoit promifes.

Femme vile & fuperbe, qui me careffiez, quand je vous fervois ; qui me dédaignez, quand je vous décéle ; qui me haïffez, quand je vous confonds ; defcendez, defcendez des hauteurs de votre arbre généalogique, d'où vous bravez les loix, d'où vous en impofez à leurs miniftres, d'où vous infultez tour-à-tour à tous vos malheureux co-accufés. Je ne fuis rien ; mais vous n'êtes que mon égale, quand nous fommes toutes deux aux pieds de la juftice des hommes, devant laquelle tous les noms, tous les rangs, toutes les illuftrations doivent difparoître, comme devant la juftice éternelle. Les loix me difent de vous interroger, & vous ordonnent de me répondre.

Ecoutez, & répondez moi.

Quelques jours après votre retour de Verfailles, vous venez, fur le minuit, me trouver chez moi, rue du Jour, vous & votre mari, dans une voiture de place ; & vous me remettez en argent une fomme de 400 livres, à compte de ce que vous m'aviez promis. Premier paiement.

Un autre jour enfuite, vous vous rendez chez moi, fur le foir, en voiture, feule avec votre laquais; & vous me remettez fept louis en or, c'eft-à-dire, 168 liv. Deuxième paiement.

Un autre jour enfuite, vous venez à ma porte, toujours en voiture, & avec votre laquais. Vous me faites demander: Je defcends, pour vous parler dans votre voiture, où étoient deux perfonnes ; le pere Loth, religieux minime, & un militaire, officier fupérieur, que je ne défigne ni ne nomme ici, mais que je nomme & défigne dans les confrontations. Je vous demandois de l'argent pour un paiement de 400 livres, que j'avois à faire au fieur Gentil, mon tapiffier, pour des meubles qu'il m'avoit fournis. Quelques jours après, le pere Loth vient me prendre, pour aller avec lui chez ce tapiffier, rue des Bons-enfans. Nous nous rendons, le pere Loth & moi, chez le fieur Gentil, pour le prévenir qu'il alloit être payé ; & de-là chez vous, qui payez pour moi les 400 livres. Troifieme paiement.

Un autre jour enfuite, c'eft le fieur de Villette, votre ami, qui vient me trouver en voiture, dans mon nouvel apartement, rue neuve faint-Auguftin, & qui m'apporte 300 livres de votre part. Quatrieme paiement.

Un autre jour enfuite, c'eft moi-même qui, prévenue par vous, envoye mon domeftique chez vous, pour y recevoir 3000 livres, qui étoient tout ce que vous me difiez pouvoir me donner fur ce qui m'avoit été promis. Et mon domeftique reçoit de vous les 3000 livres, en trois billets de caiffe, de 1000 livres chacun. Cinquieme & dernier paiement.

Paiement total, & tel que je l'ai précédemment annoncé: 4268 livres.

Voilà donc 4268 livres, que je prouve m'avoir été payées par la dame de la Motte, à compte des 15000 livres qu'elle m'avoit perfonnellement promifes, dans le cas où j'exécuterois ce qu'elle avoit eu l'effronterie de m'ordonner fauffement au nom de la reine. Peut-il y avoir une preuve plus convaincante & plus forte, & de tous les faits que je mets à la charge de la dame de la Motte, & de tous les faits qui conftatent mon innocence?

Ce n'eft cependant pas tout : la dame de la Motte, qui prétend fi arrogamment qu'une femme de ma claffe n'étoit pas faite pour être fa fociété ; la dame de la Motte ne ceffe de m'admettre dans fa fociété, de me préfenter à d'autres, en public comme en particulier, d'aller par-tout avec moi, de vouloir que j'aille par-tout avec elle.

Le même jour que s'eft effectué le paiement de mon tapiffier, la dame de la Motte me donne à dîner chez elle, avec le pere Loth & le fieur de Villette, avec le même officier fupérieur, qui étoit fervi à table par fon laquais, & que je ne nomme ni ne défigne ici, mais que je nomme & défigne dans les confrontations.

Deux ou trois autres fois, la dame de la Motte me donne encore à dîner à Paris, avec les mêmes perfonnes, & de plus un autre militaire, un chevalier de faint-Louis, que je nomme & défigne dans les confrontations.

Et même à l'un de ces dîners, se trouve un sieur Valois, cordonnier, qui venoit, disoit-il, se faire reconnoître à la cour.

. A la suite d'un de ces dîners, la dame de la Motte me mene à la comédie françoise, où l'on jouoit *le mariage de Figaro*. J'étois dans la voiture, avec la dame de la Motte, le sieur de Villette, & l'officier supérieur dont j'ai parlé.

Une autre fois encore, les sieur & dame de la Motte me donnent à dîner à Charonne, dans leur maison de campagne. Nous avions à table le même officier supérieur, le sieur de Villette, le pere Loth, & d'autres personnes dont je ne me rappelle pas les noms, si ce n'est le sieur Davesne, qu'on me dit avoir fait les portraits des sieur & dame de la Motte.

Un autre jour encore, & pour la derniere fois, les sieur & dame de la Motte me donnent à dîner dans la même maison de campagne, & avec les mêmes personnes, à l'exception du sieur Davesne; mais j'y trouve de plus, & un chevalier de Malthe, & le sieur de la Fresnaye, ancien notaire à Paris, & la dame de la Fresnaye sa femme, & une demoiselle demeurant chez eux, & les deux freres de cette demoiselle, qui sont américains, & leur précepteur, & d'autres personnes dont j'ai oublié les noms.

A la suite de ce dîner, la dame de la Motte me mene dans sa voiture, souper chez les sieur & dame de la Fresnaye, avec le même officier supérieur, le même chevalier de Malthe, le sieur de Villette, & la demoiselle pensionnaire des sieur & dame de la Fresnaye.

Toutes les fois que la dame de la Motte vient me voir, elle est aperçue, ainsi que son domestique; quand je demeurois rue du Jour, par toutes les perſonnes de la maiſon, leurs domeſtiques & le portier ; & quand je ſuis enſuite allée demeurer rue neuve ſaint-Auguſtin, non-ſeulement, par toutes les perſonnes de ma nouvelle maiſon, mais auſſi par tous les voiſins.

Toutes les fois que je mange avec la dame de la Motte, elle me préſente à tout le monde, comme *Baronne d'Oliva* ; elle me donne cette même qualité dont elle & ſon mari m'avoient revêtue malgré moi, lors de mon voyage de Verſailles.

C'eſt donc la dame de la Motte qui m'a recherchée, qui m'a voulu lier avec elle, qui m'a reçue, qui m'a fêtée dans ſa maiſon, à la campagne, à la ville ; qui m'a menée au ſpectacle, & dans ſes ſociétés.

La dame de la Motte a donc contracté avec moi. Elle a donc rempli une partie de ſes obligations à mon égard ; une foible partie ſans doute, mais qui, fût-elle plus modique encore, n'en ſeroit pas moins le ſigne certain d'une convention préexiſtante entre nous.

Il faut donc encore qu'elle déclare nettement la cauſe & le principe de ces liaiſons & de ce contrat.

Et ſi elle s'obſtine à garder le ſilence, ou, ſi ſe déterminant à parler, elle ne donne pas des déclarations claires & ſatisfaiſantes, qui indiquent & qui prouvent une autre cauſe, un autre principe que ceux que j'aſſigne à nos liaiſons, à ſes engagemens, à l'exécution qu'elle leur a donnée, il faut qu'elle ſoit condamnée, & que je ſois abſoute.

Une femme comme moi, s'écrie-t-elle, ne pouvoit vous donner ſa confiance ; jamais je ne vous ai fait confidence de mes ſecrets ; jamais je ne vous euſſe fait part d'un crime pareil à celui dont je ſuis accuſée.

Ah ! je le crois. Ils ſe ſont bien gardés de me le dire.

Ils fe font bien gardés de me donner l'explication du rôle qu'ils me faifoient jouer. J'étois entre les mains de féducteurs trop habiles, d'intriguans trop profonds, pour qu'ils hafardaffent de me faire une pareille confidence, à moi, dépourvue de connoiffances & de lumières; à moi, j'ofe le dire, qu'il fuffit de voir & d'entendre un moment, pour être convaincu que je fuis incapable de faire un menfonge; & plus incapable encore de le foutenir, fi j'avois le malheur de le faire.

Si mes féducteurs m'euffent dit le moindre mot du projet de traveftiffement & de profanation dont on les accufe aujourd'hui; fi feulement ils me l'euffent laiffé foupçonner, & que je n'en euffe pas moins cédé à leurs infinuations; ce feroit alors que j'euffe commis un attentat digne des peines les plus féveres.

Mais non, je n'aurois point cédé. Il ne m'eût falu pour réfifter, ni connoiffances, ni lumieres. La crainte, le refpect, l'horreur du crime, auroient fuffi : j'aurois frémi, j'aurois été glacée d'effroi, j'aurois fui pour jamais ces indignes profanateurs d'un nom facré.

Non, ils ne m'ont rien dit, comme le foutient avec raifon la dame de la Motte elle-même; & cette affertion, qui ne la juftifie pas, qui la montre plus coupable, n'eft encore qu'une nouvelle preuve de mon innocence.

Qu'on ne ceffe de fe rappeller le commencement, les progrès & la fin de cette intrigue inouie. Qu'on n'oublie pas la maniere infidieufe dont elle a été conduite, l'art perfide avec lequel elle a été filée, s'il m'eft permis de m'exprimer ainfi. D'abord, c'eft le fieur de la Motte feul qui fe préfente à mes yeux. C'eft fous les dehors de la politesse & de l'affection la plus honnête, qu'il parvient à pénétrer chez moi. C'est en feignant de prendre intérêt à ma personne & à ma fortune, qu'il y vient pendant neuf jours consécutifs. C'est à sa neuvieme ou dixieme visite, qu'il m'annonce celle d'une femme de *très-grande distinction*; & cette femme qu'il ne me nomme pas, c'est la sienne. Elle arrive ensuite; elle me propose de faire une chose qui sera *très-agréable à la reine*. Elle me montre, pour prouver sa mission, un portefeuille rempli de lettres qu'elle suppose lui avoir été adressées par la reine. Je cede à ce prestige déjà trop puissant. Je me laisse entraîner à Versailles. La dame de la Motte porte l'audace & l'imposture jusqu'à me dire que la reine est instruite & charmée de mon arrivée. L'illusion est alors portée au dernier degré. Elle est devenue irrésistible.

De-là, l'entrevue du parc. Et qu'ai-je fait dans cette scène nocturne ? Rien que d'innocent en soi. Abordée respectueusement par un homme que je ne connois pas, je lui présente une fleur qu'on m'avoit prescrit de lui donner, sans m'en dire la raison; je lui dis deux mots qu'on m'avoit dictés, & que je n'entendois pas.

Ni la fleur, ni les deux mots, n'annonçoient l'idée d'un délit. Pour former un délit, il faut deux choses: l'intention & le fait.

Je n'ai point eu d'intention, puisque j'ignorois invinciblement celle de mes séducteurs.

J'ai dû croire, & j'ai cru n'avoir fait qu'une chose innocente, sur-tout quand, le lendemain, la dame de la Motte vient me montrer & me lire une nouvelle lettre, dont j'ignorois la fausseté comme celle des précédentes, & qui contenoit les témoignages de la plus grande satisfaction.

M. le cardinal de Rohan, pour repousser l'accusation intentée

tentée contre lui, prétend que c'eſt lui-même qui eſt venu m'aborder dans le parc de Verſailles ; que c'eſt moi qu'il a ſaluée reſpectueuſement, perſuadé qu'il voyoit la reine ; enfin, que c'eſt à lui-même que j'ai parlé.

Je pourois me borner à lui demander d'où il le ſait, qui le lui a dit, où en eſt la preuve ; car il ne m'apprend rien de tout cela : mais n'importe.

Je l'ai dit, je le répete : je ne ſais rien de tout ce qu'allegue M. le cardinal de Rohan. Je ne l'ai jamais ſu. Je n'avois jamais connu, ni vu M. le cardinal de Rohan. Jamais les ſieur & dame de la Motte ne me l'ont nommé, ni perſonne autre, au ſujet de la ſcène du parc ; jamais ils ne m'ont nommé M. le cardinal de Rohan, ni avant, ni après cette ſcène.

Qu'il accuſe, s'il veut, la dame de la Motte, de l'avoir trompé, de l'avoir aveuglé au point de lui faire croire que, dans cette même ſcène, c'étoit la reine qu'il abordoit & qui lui parloit, tandis que, ſelon lui, c'étoit moi que la dame de la Motte avoit apoſtée, pour lui faire cette indigne ſupercherie. Que M. le cardinal de Rohan uſe de tous les moyens imaginables pour le perſuader. J'y conſens ; mais qu'il ne vienne pas m'accuſer, d'avoir été la complice de la dame de la Motte. Je ne vois ici qu'une ſeule choſe commune entre M. le cardinal de Rohan & moi : c'eſt que, malgré l'énorme diſtance qui nous ſépare dans l'ordre ſocial, cette déplorable affaire eſt cependant, par raport à lui, comme par raport à moi, un grand & trop mémorable exemple du danger des liaiſons.

Voilà donc tout mon crime ! S'il faut que je ſois punie, s'il faut que je périſſe ; que toute autre que moi, ſe ſuppofant à ma place, & dans les mêmes circonftances, ofe au moins me dire qu'elle n'auroit pas fait ce que j'ai cru devoir faire !

Moi, que je périffe !

J'avois trois témoins précieux qu'il faloit entendre ; & je les ai perdus : j'aurois aujourd'hui trois co-accufés qu'il faudroit me confronter ; & je les ai perdus : le fieur de la Motte, la femme de chambre de la dame de la Motte, & le fieur de Villette.

Le fieur de Villette : il étoit dans le parc, à minuit, à l'inftant de la fcène. C'étoit l'homme que le fieur de la Motte y avoit rencontré. C'étoit l'homme à qui le fieur de la Motte avoit dit : *Ah ! vous voilà !* Je l'avois reconnu, lorfque, quelques jours après, je m'étois trouvée avec lui, à **Paris**, chez les fieur & dame de la Motte. Il étoit préfent à la fcène. Il avoit tout vu, tout entendu. Il étoit l'ami, l'intime confident de mes féducteurs. Il connoiffoit tout. Il difparoît. Il s'éloigne, ou il fe cache. Eh bien ! On fe donne la peine de parcourir un efpace de près de deux cens lieues, pour m'arrêter & me ramener prifonniere, moi l'aveugle inftrument de cette intrigue que je ne connoiffois pas ! Et le fieur de Villette n'eft point arrêté !

La femme de chambre de la dame de la Motte : je ne parle pas de celle qu'on dit en effet être maintenant arrêtée. Elle n'étoit au fervice de la dame de la Motte, que depuis l'époque de la fcène. Je parle de celle qu'avoit la dame de la Motte, à cette époque. C'étoit elle qui m'avoit vue, dès le premier moment de mon arrivée à Verfailles, dès avant que je fuffe parvenue jufqu'à la grille du château. C'étoit elle qui, dans ce premier moment, accompagnoit fa maîtreffe.

C'étoit elle qui avoit vu difparoître auffi-tôt la dame de la Motte, qui m'avoit conduite avec le fieur de la Motte, à leur hôtel garni, place Dauphine, qui avoit vu difparoître enfuite le fieur de la Motte lui-même. C'étoit elle qui m'avoit vu fouper & coucher le même foir, à leur hôtel. C'étoit elle qui, le lendemain, avoit affifté, avoit aidé à ma toilette, préparée, ordonnée, dirigée, par la dame de la Motte. C'étoit elle qui m'avoit vu encore paffer la journée chez fes maîtres, fortir avec eux, entre onze heures & minuit. C'étoit elle enfin, qui, le lendemain de la fcène nocturne, m'avoit vu encore dîner chez eux, & repartir, le foir, pour Paris, avec le fieur de la Motte. Eh bien! On fe donne la peine de parcourir un efpace de près de deux cens lieues, pour m'arrêter & me ramener prifonniere! Et cette femme de chambre n'eft point arrêtée!

Le fieur de la Motte enfin : il étoit venu chez moi, neuf jours de fuite, pour préparer, pour commencer l'œuvre de la féduction projettée entre fa femme & lui. Il m'avoit amené fa femme, beaucoup plus adroite que lui, pour l'exécution d'un pareil projet. Il m'avoit menée de Paris à Verfailles, & ramenée de Verfailles à Paris. Il avoit tout vu, tout entendu, pendant mon féjour à Verfailles. Que dis-je? Il avoit tout fait, avec fa femme, ou elle avoit tout fait de concert avec lui. C'étoit avec elle qu'il m'avoit menée au parc. C'étoit avec elle qu'il obfervoit la fcène. C'étoit avec lui que j'en étois revenue. C'étoit à lui, qu'en revenant, j'avois remis cette lettre myftérieufe que mon trouble m'avoit fait oublier dans ma poche. Le fieur de la Motte eft avec fa femme, dans leur maifon de Bar-fur-Aube, lorfqu'on y vient arrêter la dame de la Motte. Les infpecteurs de police y arrivent fur les huit à neuf heures du matin. C'eſt en préſence du ſieur de la Motte, c'eſt dans ſon propre apartement, comme dans celui de la dame de la Motte, qu'ils viſitent, prennent & ſaiſiſſent les papiers. Ils voyent le ſieur de la Motte, conduire ſa femme à la voiture. Le ſieur de la Motte, qui ſait, comme ſa femme, les cauſes ſecretes de cet enlevement, prend bientôt la fuite. Tous ces faits ſont avoués par la dame de la Motte elle-même, dans ſon mémoire imprimé. Eh bien! on parcourt un eſpace de deux cens lieues, pour m'arrêter & me ramener priſonniere! Et le ſieur de la Motte n'eſt point arrêté!

Quelle éclatante lumiere ces trois perſonnages, le ſieur de la Motte, la femme de chambre, & le ſieur de Villette, n'auroient-ils pas répandue ſur tous les détails de l'affaire! Quel témoignage n'auroient-ils pas été forcés de rendre de la pureté de mes intentions & de ma conduite, de l'innocence des démarches auxquelles je m'étois prêtée! Eh bien! je veux le redire : ces trois perſonnages importans ne ſont point arrêtés!

Et pourquoi donc ne s'eſt-on pas aſſuré de leurs perſonnes? Pourquoi ne ſont-ils pas venus partager les rigueurs qu'on m'a fait éprouver? Pourquoi ne les a-t-on pas forcés à venir, comme moi, rendre un compte exaét & fidele, de tout ce qu'ils avoient projetté, de tout ce qu'ils avoient fait, de tout ce qu'ils avoient vu, de tout ce qu'ils avoient entendu? On m'aura donc enlevé mes preuves? Et parce qu'elles ne ſeroient plus en mon pouvoir, je ſerois donc condamnée? Où ſommes-nous, grand dieu!

A ces queſtions, mon ſang fermente & s'allume. Mon ame s'indigne & ſe révolte. Je veux parler; & je ſuis ſuf-

foquée par mes fanglots ; & je ne trouve en moi d'autre
réponfe, que des plaintes, des gémiffemens & des larmes.....

Ce qu'on n'a point exécuté, je demande aujourd'hui qu'on
l'exécute. J'ai le droit de l'exiger. Et fi, tôt ou tard, je ne
vois pas les trois fugitifs paroître devant moi dans les confrontations, & que cependant je n'obtienne pas les juftes
réparations que je réclame, il ne me reftera plus qu'à m'écrier
dans l'amertume de mon cœur : O loix ! loix de mon pays !
Auguftes protectrices du citoyen ! Qu'êtes-vous devenues ?

Serois-je donc réduite à croire que, dans ce fiecle de lumieres, qui fe vante fi fort de fes hautes connoiffances,
quand il devroit plutôt rougir de fon effroyable corruption,
les hommes devenus fi éclairés fur leurs droits & leurs de-
voirs refpectifs, font en même temps arrivés à un tel degré
de dépravation & de démence, qu'ils ne fentent plus, qu'ils
ne voient plus, que les loix ne font acception de perfonne ;
& que leur vœu, c'eft le falut & la sûreté de tous.

Non, non : je ne croirai point à des fyftêmes impies, qui
dégradent la raifon publique, & flétriffent la majefté des
loix.

Environnée de murs épais qui me féparent du refte des
humains, enfermée dans ces hautes tours d'où je ne puis voir
que ma mifere, où mon ame ne fent plus que fa douleur
& fa confternation, je n'en attends pas moins, avec la plus
religieufe confiance, l'arrêt qui doit prononcer fur mon fort,
& mettre fin à tant d'infortunes.

Je n'en attends pas moins dans ma prifon, ces paroles de
confolation & de paix : elle eft citoyenne, qu'elle foit pro-

tégée par les loix : elle est innocente, qu'elle soit absoute par les ministres des loix. *Signé* M. N. LE GUAY D'OLIVA.

GRAND'CHAMBRE ASSEMBLÉE.

Messieurs TITON & DUPUY DE MARCÉ, rapporteurs.

Me BLONDEL, avocat.

VIGNAULT DE VILLARS, procureur.

A PARIS, chez P. G. SIMON, & N. H. NYON, Imprimeurs du Parlement, *rue Mignon*, 1786.

www.ingramcontent.com/pod-product-compliance
Lightning Source LLC
LaVergne TN
LVHW021153200726
843510LV00001B/335